FastTrack
INSTRUCCIÓN MUSICAL

Batería 2

INTRODUCCIÓN

¿Por qué también compraste este libro?

Lo compraste porque te apasiona saber acerca de la batería. Y nos da gusto, ¡has escogido un instrumento fabuloso!

Suponemos que ya has finalizado (y revisado miles de veces) **Batería 1 FastTrack.** De lo contrario, te aconsejamos revisarlo. (No nos gustaría tratar algo antes de que estés preparado.)

De todas maneras, este libro continúa donde finalizó el Libro 1. Aprenderás muchos tiempos más, muchos rellenos más y un montón de canciones padres. Y, por supuesto, la última sección de todos los libros de **FastTrack** es igual, ¡para que tú y tus amigos puedan formar una banda e improvisar juntos!

Entonces, si te sientes preparado para este libro, termina la pizza, saca el gato, desconecta el teléfono y vamos a improvisar …

Siempre recuerda que hay que **tener paciencia**, **practicar** y **avanzar a tu propio ritmo**. Agregaremos uno más a la lista: siéntete **orgulloso de ti mismo** para lograr un buen trabajo.

ACERCA DEL AUDIO

Nos da gusto que hayas notado el beneficio adicional de este libro, ¡pistas de audio! Cada ejemplo musical del libro está incluido para que puedas escuchar como suena y toques con el audio cuando estés listo. Escúchalo cada vez que veas este símbolo: **1**

Antes de cada ejemplo en el audio hay un compás de "tictac" para indicar cuál es el tempo y el compás. Mueve el ajuste de señal (Balance) a la derecha para oír la parte de la batería enfatizada. Mueve el ajuste a la izquierda para oír solamente el acompañamiento. A medida que te sientas más seguro, trata de tocar junto con el resto de la banda.

Para obtener acceso al audio visite:
www.halleonard.com/mylibrary

Enter Code
6295-6961-7024-4476

ISBN 978-0-634-05132-6

HAL•LEONARD®
7777 W. BLUEMOUND RD. P.O. BOX 13819 MILWAUKEE, WI 53213

Visita Hal Leonard en la red en
www.halleonard.com

ORGANICÉMOSNO

Como aprendiste en el **Libro 1**, las baterías pueden tener varios ton-tones, platillos y efectos de sonido. La mayoría de los ejercicios y secuencias de este libro pueden tocarse en un equipo como el ilustrado a continuación.

Si tienes un equipo más grande (¡tipo con suerte!), busca las secciones especiales de algunos de estos "juguetes".

Aquí tienes un recordatorio rápido de las posiciones en el pentagrama y de las notas base para la batería, los platillos y los efectos de sonido:

OK. "Equipo" completo, ¿te puedes resistir? Vamos a tocar ...

LECCIÓN 1
¡Quieres tocar rock!

Lo dijimos anteriormente y lo volvemos a decir: **la manera** en que tocas algo es tan o más importante **de lo que** vas a tocar. En este libro, te mostraremos algunos de los estilos más conocidos que se usan en la música de hoy. Puedes aplicar estos estilos a casi cualquier canción.

A medida que presentamos cada estilo, notarás cómo cambian los siguientes elementos musicales:

 Secuencias rítmicas (negras, corcheas, semicorcheas, etc.)

 Sonidos utilizados (batería, platillos, efectos de sonido)

También aprenderemos nuevos tiempos, ritmos y técnicas. Comencemos con un favorito ...

Rock 'n' Roll

La música rock viene en muchos estilos, classic rock, blues rock, easy rock, hard rock, heavy metal. Sus orígenes datan de los años 50 con leyendas como Elvis Presley, Jerry Lee Lewis y The Beatles.

Generalmente, los primeros tiempos del rock se tocaban con un efecto **directo de corchea**. El siguiente es uno de los tiempos más utilizados en la música rock desde los años 50 hasta los 60. (NOTA: Toca la secuencia de golpes en el platillo ride o hi-hat.)

① Primeros tiempos del rock

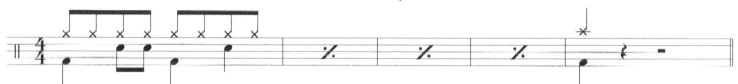

Observa algunas variaciones de ese tiempo básico que se han utilizado en cientos de canciones a lo largo de los años. En la pista 2 cada secuencia se escuchará dos veces, seguida de inmediato de la siguiente:

② Golden Oldies

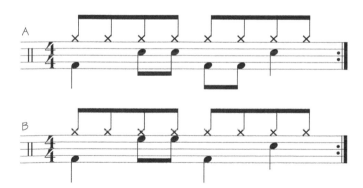
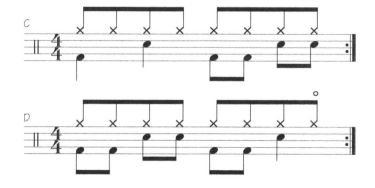

Aquí tienes cuatro tiempos relacionados que se han utilizado en muchas canciones. Al igual que antes, estos ejemplos se escucharán dos veces en el audio, seguidos de inmediato del siguiente.

◆3 Tiempos relacionados con el rock

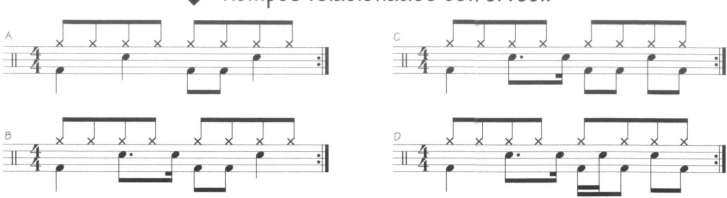

El **efecto directo de negra** generalmente se asocia con muchos discos de Motown de los años 60, pero también con Roy Orbison y su banda "Oh, Pretty Woman" (ver **FastTrack Bajo 1 Songbook**), y en discos de The Rolling Stones, Young Rascals, Jefferson Airplane y muchos otros. ¡Es fácil y suena fabuloso!

◆4 Straight Four Rock

Ese tiempo también suena bien con las negras en la secuencia de golpes o con cross-stick en la caja.

Dos y cuatro ...

Charlie Watts ha utilizado la secuencia a continuación, donde el hi-hat deja de tocar en los tiempos 2 y 4 al golpear la caja, en diferentes canciones de los Rolling Stones. También es una secuencia favorita de Levon Helm (the Band), Kenny Aronoff (John Mellencamp), Jim Keltner (Traveling Wilburys) y muchos otros bateristas.

El efecto de golpear la caja en los tiempos 2 y 4 te ayuda a obtener un contratiempo real-mente sólido.

◆5 Charlie's Beat

☞ Los primeros bateristas de rock a menudo utilizaban mucho el platillo ride y el hi-hat parcialmente abierto para tocar la música. (La caja y el bombo se tocaban con convicción pero no demasiado más fuerte que el ride o el hi-hat.)

Uno de los innovadores del rock 'n' roll más importante de los años 50 fue un guitarrista/cantante/compositor llamado Bo Diddley. Muchas de sus canciones se caracterizaban por un tiempo que originalmente vino de una secuencia latina llamada **clave**. El ritmo de clave básico es así:

El baterista de Diddley tocaría corcheas levemente "shuffled" en el tambor base, acentuando la secuencia de la clave. (Explicaremos el término "shuffle" en la Lección 3, pero la pista 6 te dará un pequeño anticipo.) Para condimentarlo un tantito, agrega un par de acentos en el tambor base, reforzando los acentos principales con el bombo, como se muestra en 6B. (Cada ejemplo se escuchará dos veces en el audio.)

6 Bo Knows Beats

Juguetes nuevos: Maracas

Diddley siempre tocaba junto con un maraquero que tocaba corcheas directas junto con el baterista. Si realmente quieres conseguir el mismo sonido que Diddley, haz que el cantante sacuda un par de maracas mientras tocas el tiempo de Diddley en el tambor base. (Además, ¿por qué el cantante debería permanecer allí parado sin hacer nada?)

Trata de escuchar la influencia del tiempo de Diddley en tres secuencias conocidas, con un golpe de corchea, de negra y de semicorchea. Estos ejemplos se tocarán dos veces, seguido de inmediato del siguiente:

7 Bo Variations

Aquí tienes un par de temas en los que los rellenos se usan como parte del ritmo del bombo.
Te ayudarán a desarrollar el efecto rock 'n' roll …

8 We Gotta Go

9 Hey, You!

LECCIÓN 2
3 con 1 especial...

Hasta ahora sabes que dos corcheas equivalen a una negra y que cuatro semicorcheas también equivalen a una negra. ¿Adivina? También puedes dividir una negra en tres. ¿Qué es este nuevo ritmo?

Tresillos

El *Hal Leonard Pocket Music Dictionary* (¡un gran libro de consulta!) define un tresillo como "tres notas que se tocan en el compás de dos notas de igual valor." Puedes contar **tresillos de corcheas** partiendo de corcheas "regulares" porque las corcheas con tresillo están unidas con un número 3.

Aquí tienes la manera en que se escriben y cuentan los tresillos en un compás de 4/4. Golpea con el pie el tiempo y cuenta en voz alta a medida que escuchas la pista 10. Luego inténtalo solo ...

🔟 Demostración de tresillos #1

cuenta: 1   tresi - llo   2   tresi - llo   3   tresi - llo   4   tresi - llo

 También puedes usar la palabra "cho-co-late" para ayudarte a contar los tresillos. (¡Por supuesto, esto puede darte hambre después de contar una larga canción!)

Vamos a mezclar tresillos con algunos otros ritmos.

🔟 Demostración de tresillos #2

cuenta: 1   2   3   4   1   2   3   4   1   2   3   4

Muchas baladas de rock, blues y country tienen efecto de tresillo. Aquí tienes un golpe básico basado en tresillos que puedes utilizar con una balada. (¡Suena fabuloso con un cross-stick en los tiempos 2 y 4!)

🔟 Ballad Triplet Beat

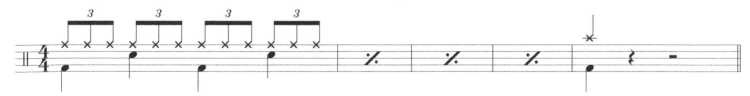

Para canciones realmente largas, es común dividir la mitad de la corchea del primer y tercer tresillo en semicorcheas:

⓭ Ritmo de tresillo lento

Aquí tienes doce variaciones del efecto tresillo. Al igual que antes, cada variación se escuchará dos veces, seguida de inmediato de la siguiente. Tómalo con calma y diviértete ...

⓮ Doce ritmos de tresillos

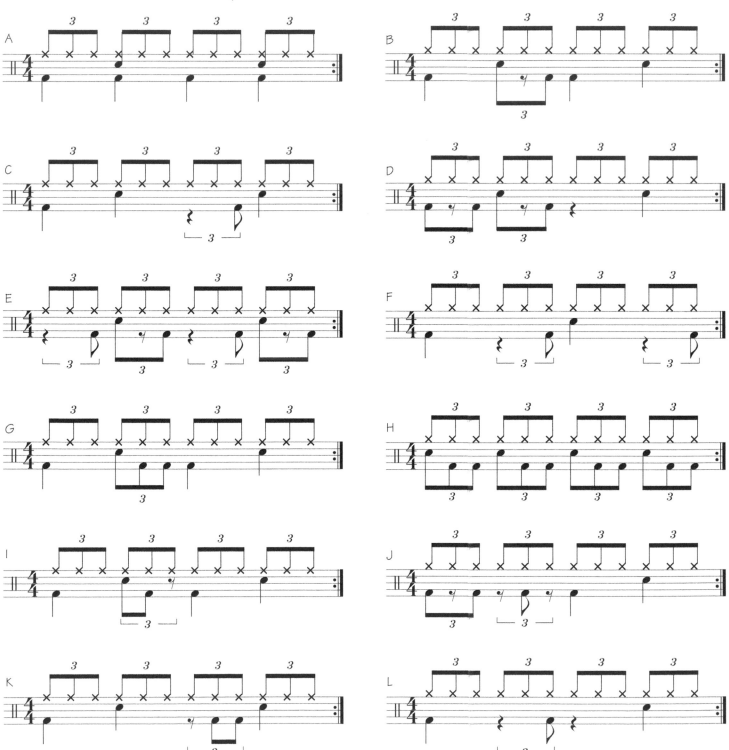

¡Prepárate para los rellenos!

Los tresillos pueden resultar prácticos para tus rellenos improvisados. A continuación tienes algunos rellenos con tresillos que te ayudarán a desarrollar la técnica alrededor de la batería. Toca junto con la pista 15, siguiendo la primera línea de música. Inserta un nuevo relleno cada vez que la repitas (relleno A, relleno B, etc.)

15 Rellenos con tresillos # 1

Puedes también tocar rellenos con tresillos después de una secuencia directa de corcheas o semicorcheas. Utiliza los mismos rellenos que arriba (A, B, C, etc.) a medida que tocas junto con la pista 16. Sin embargo, esta vez el tiempo básico son corcheas directas:

16 Rellenos con tresillos # 2

Ahora pon esos tresillos en una balada lenta y más larga. Podrías escuchar la banda un par de veces antes de comenzar a tocar.

🔷17 Sad Song

NOTA: El símbolo ($\longrightarrow$) significa sonar más fuerte.

3/4...4/4...12/8?

Hasta esta página, has tocado con compases en los que la negra equivalía a un tiempo. Hora de aprender algo nuevo (¡cambiar es bueno!):

12 tiempos por compás
una corchea (1/8) = un tiempo

Todas las notas y silencios son relativos al valor de una corchea en un compás de 12/8:

corchea = un tiempo   negra = dos tiempos   negra con puntillo = tres tiempos   blanca con puntillo = seis tiempos

cuenta: 1   2   3   4   (5)   6   7   (8 9)   (10   11)   12

En lugar de contar hasta doce, una manera simple de contar 12/8 es agrupar las corcheas en grupos de tres ...

cuenta: 1   +   a   2   +   a   3   +   a   4   +   a

De esta manera, el pulso rítmico del compás de 12/8 hace parecer que hubiera cuatro tiempos por compás con cada tiempo dividido en tres. (¿Tres? ¿Te suena familiar?) Es porque los ritmos de 12/8 se tocan de la misma manera que los ritmos de 4/4 con tresillos. Compara la siguiente secuencia con la pista 12 (página 7), suenan exactamente igual:

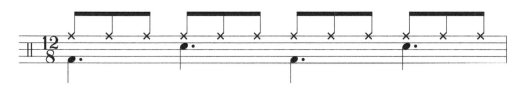

NOTA: Las canciones también pueden escribirse en **compás de 6/8**, lo que es similar a contar cada compás de 12/8 por la mitad.

cuenta: 1   2   3   4   5   6 (o)   1   +   a   2   +   a

LECCIÓN 3
¡Silencio y "shuffle"!

Como describimos brevemente, uno de los ritmos más populares basado en tresillos es el **shuffle**. El ritmo básico del shuffle se obtiene descartando (dejando en silencio) la nota del medio de cada grupo de tresillos de tres notas:

19 Shufflin' Down the Road

Los shuffles generalmente se escriben en 12/8 (de nuevo, descartando la nota del medio en un grupo de tres.) El ejemplo a continuación suena como la pista 19:

NO MÁS DESORDEN: En lugar de todos los silencios, puedes agrupar una negra y una corchea para el mismo efecto, como se indica arriba.

Todo está en el efecto ...

En algunos tipos de música, los shuffles se escriben con corcheas directas, pero una indicación especial al comienzo te indica tocar cada par de corcheas como si fuera un tresillo de negras y corcheas. O bien, para confundir más las cosas (o quizá simplificarlas), los shuffles se pueden escribir con una secuencia de corcheas y semicorcheas con puntillo.

Cualquiera sea la manera en que lo hagas, un shuffle es un shuffle. Aquí tienes dos formas diferentes de notar un shuffle. Ambos compases se tocarían exactamente igual que el ritmo de la pista 19 ...

¡Relájate! No cuentes ... ¡solo trata de sentirlo!

Acentúa lo positivo ...

Para la mayoría de las secuencias de shuffle, quieres un acento fuerte en los contratiempos. No solo deberías realmente golpear con fuerza la caja (**los golpes de acentuación** no son una mala idea), sino que también acentuar los contratiempos en el platillo hi-hat o ride. Los shuffles generalmente tienen un pulso de negra fuerte, entonces acentuaremos éste en el bombo. La pista 20 es una secuencia de shuffle impresionante que puede funcionar con muchas canciones:

20 Shuffle básico

Para agregar un poco más de cuerpo al shuffle, muchos bateristas tocan la secuencia completa de shuffle en el hi-hat (o ride) y en la caja al mismo tiempo. Lo más importante es tocar los contratiempos acentuados **mucho más fuerte** que las otras notas.

21 Doublin' Up #1

Al tocar el ritmo de shuffle en el platillo ride, puedes reforzar los contratiempos con los "chicks" del hi-hat del pie izquierdo. Notaremos esto en el compás de 12/8. (Observa que en el compás de 12/8, las negras en el bombo se transforman en negras con puntillo.)

22 Doublin' Up #2

Más potencia para ya ...

Si los guitarristas tienen "acordes de 5ª", los bateristas tenemos **shuffles de 5ª**. Bajaremos el ritmo de shuffle entre el bombo y la caja, y moveremos el pulso de la negra hacia arriba hasta el hi-hat. Observa las dos secuencias en la pista 23 (¡probablemente las escuchaste en montones de canciones!). Cada secuencia se tocará dos veces ...

23 Shuffle de 5a

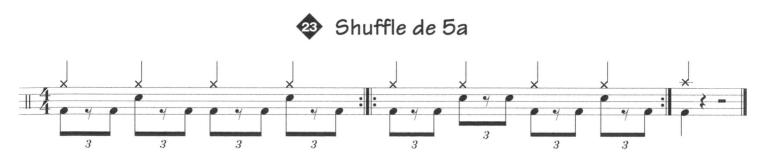

Para realmente apurar los tiempos, puedes alternar el ritmo de shuffle entre tus manos derecha e izquierda, con la mano izquierda tocas todos los "medios tiempo" y con la derecha mueves entre el hi-hat y la caja:

◆24 Shuffle de medios tiempo

O bien toca la secuencia de shuffle en la caja, alternando las manos. (¡El baterista de Stevie Ray Vaughan lo utilizaba en muchos shuffles rápidos!)

◆25 Shufflin' Snare

Juguetes nuevos: cepillos y varillas de tensión

Para obtener un "color" diferente, practica de nuevo la pista 25 utilizando **cepillos** o **varillas de tensión** (ilustrados) en lugar de los palillos comunes.

(No te preocupes, ¡no son caros!)

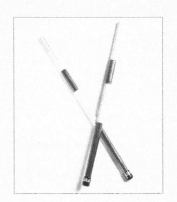

Aquí tienes una versión estilo jazz utilizada en algunos de los primeros discos de rock 'n' roll. En ésta, se pone más énfasis en el pulso de la negra que en los contratiempos.

◆26 Old-time Shuffle

¿Tiempo muerto?

¿Recuerdas el compás binario del Libro 1? El **shuffle de compás binario** es otro efecto popular. Toca el mismo ritmo de shuffle en el platillo hi-hat o ride, pero en lugar de acentuar los contratiempos (tiempos 2 y 4) acentúa el tiempo 3; en lugar de tocar un pulso de negra en el bombo, toca blancas.

27 Shuffle de compás binario #1

Aquí tienes una variación del bombo que suena fabulosa con el efecto shuffle de compás binario ...

28 Shuffle de compás binario #2

Si el guitarrista baja el ritmo del shuffle básico, puedes variar el tiempo de la batería (y no tocar cada nota de la secuencia del shuffle). Aquí tienes un par de variaciones que van bien en dichas situaciones:

29 Dos variaciones de shuffle

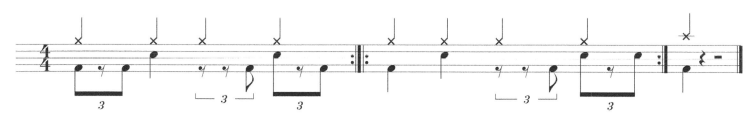

Algunas veces vas a ver un shuffle escrito en un compás de 6/8. Como lo sugerimos en la página 11, simplemente pretende cortar un compás de 12/8 a la mitad.

30 Shuffle en 6/8

Ahora tírate sobre el sofá, recoge el control remoto y tómate un largo descanso, ¡te lo mereces!

LECCIÓN 4
Sabes de blues ...

Si nunca escuchaste hablar de blues, ¿dónde vives? El blues ha recorrido el mundo y muchos músicos legendarios como B.B. King, Eric Clapton y Muddy Waters lo han tocado. El Blues es divertido (y fácil) de tocar.

Forma de 12 compases

El Blues más común utiliza una forma llamada **forma de 12 compases**. Esto no significa que la canción tiene solamente una extensión de 12 compases. Por el contrario, la canción utiliza varias frases (o secciones) de 12 compases que se repiten una y otra vez.

Los doce compases se dividen generalmente en **tres frases de cuatro compases**. La lírica (si la hay) de las primeras frases a menudo se repite en la segunda frase (quizá con una pequeña variación), seguida de una tercer frase diferente. Por ejemplo (¡¿deberías tener un papel tissue para éstas?!):

Frase	Lírica posible
1	"Bueno, me desperté esta mañana y mi perro había muerto."
2	"Dije, me desperté esta mañana y mi pobre perro había muerto."
3	"Me sentí muy mal cuando lo encontré, recliné mi cabeza y lloré."

De todas maneras te gusta...

Las canciones de blues pueden ser rápidas o lentas. Los shuffles son especialmente conocidos por los músicos de blues, pero el blues puede tocarse con efectos directos de corcheas o semicorcheas, o simplemente con cualquier otro efecto de ritmo que se te ocurra.

Los otros miembros de la banda tocarán progresiones de acordes muy específicas que luego definirán la forma de 12 compases. Tú, como baterista, debes conocer muy bien la forma y marcarla en consecuencia.

Para los principiantes, marquen el comienzo de cada frase de cuatro compases con un platillo crash. (Nota: no siempre marcarás el comienzo de una frase de cuatro compases con un crash, pero podrás hacerlo cuando lo consideres apropiado.)

31 Blues de 12 compases

Menos relleno, suena fabuloso ...

Al tocar blues, los bateristas pueden distenderse y tocar solo el tiempo. El resto de la banda proporcionará las demás cosas "llamativas". Sin embargo, existen lugares apropiados para rellenar con algunos efectos de sonido. Pero es importante saber cuándo y dónde, no te acostumbres a un fabuloso solo de guitarra de un blues ...

 Golpea en el platillo crash: El lugar más importante de la forma para reconocer (y marcar) es el comienzo de cada frase de 12 compases. Si solo tocas un platillo crash en todos los doce compases, tócalo en el tiempo 1 del primer compás.

 Agrega rellenos: Una buena manera de indicar que la forma está por comenzar es tocar un relleno durante el último (décimo segundo) compás conduciendo el platillo crash al comienzo de la primera frase.

 Varía el golpe: Si deseas dejar de golpear el platillo hi-hat y golpear el platillo ride (o viceversa), haz el cambio al comienzo de la frase de 12 compases, no en cualquier parte. Generalmente, harás este cambio cuando algo cambie en la canción. Por ejemplo, puedes golpear en el hi-hat durante las vocales, y cambiar al platillo después del solo de guitarra.

Practica algunas de estas opciones en el próximo tema:

32 Rellenoin'

Lectura de los esquemas

En la página siguiente encontrarás un **esquema** básico de blues, generalmente denominado "mapa de carreteras". Un esquema que no contiene todas las notas, pero que te proporciona información básica sobre qué tocar (dejando mucho en tus manos). Lee la lista y marca estos lugares en el esquema antes de tocar.

Rápidamente notarás que es una forma de 12 compases en tres secciones diferentes. La primera es una melodía del teclado, la segunda un solo de guitarra y la tercera una repetición de la melodía del teclado.

 El primer compás te indica tocar un efecto shuffle, pero no tienes que restringirte a lo que está notado. La notación es sólo para indicar el efecto completo. Las barras oblicuas significan que debes continuar en un estilo similar.

 En los compases 12 y 24, toca los rellenos sobre los tiempos 3 y 4. En el compás 36, toca un relleno en todo el compás (para un gran final). Aquí puedes tocar lo que quieras, (¡siempre y cuando suene bien!).

 Observa las indicaciones para los golpes de los platillos. En la segunda sección, debes tocar uno en el tiempo 1 del primer compás. En la tercer sección, debes tocar uno al comienzo de cada frase de 12 compases. (Esto es un ejemplo de cómo construir la intensidad al final de una canción.)

UNA COSA MÁS: Aunque no esté indicado en el esquema, sonaría bien si tocas en el hi-hat durante la primera y segunda sección, y saltas al platillo ride durante la segunda sección (el solo de guitarra). O viceversa ...

⟨33⟩ Esquema de Blues

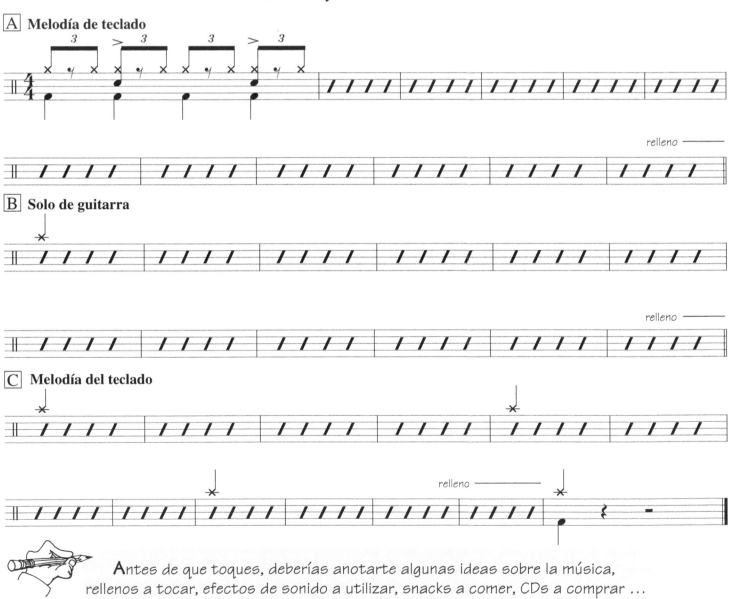

Antes de que toques, deberías anotarte algunas ideas sobre la música, rellenos a tocar, efectos de sonido a utilizar, snacks a comer, CDs a comprar ...

LECCIÓN 5
Nashville Dreaming ...

Años atrás no hubieses usado las palabras "country" y "batería" en la misma oración porque la música country no tenía bateristas. Los tiempos han cambiado, y la música country actual viene de una gran variedad de estilos. Tiene sonido, efecto y actitud propia.

Batería country

La regla más importante para los músicos country es que la música debe servir la lírica. Así los bateristas country tienden a mantener su estilo muy simple, pero lo hacen sentir realmente bien. (Eh, una canción country no tendría tanto valor si la gente no pudiera bailar o llorar con ella.)

Muchas canciones country se basan en el ritmo de shuffle. Sin embargo, mientras que un shuffle de blues o rock tiene un pulso de negra fuerte, un shuffle de country se toca generalmente con un efecto de "dos tiempos", es decir, sólo tocas el bombo en los tiempos 1 y 3.

🔷34 Shuffle de country

Algunos shuffles de country (especialmente los más rápidos) utilizan una versión parecida al jazz del ritmo de shuffle, una que también se usaba en el estilo "western swing" ...

🔷35 Country Swing Shuffle

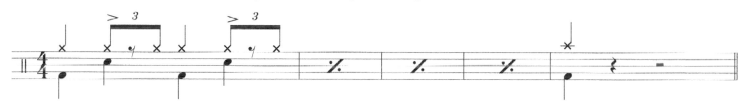

BUENA TÉCNICA: Para obtener un efecto y sonido country popular (en lugar de golpear en el hi-hat o ride con un palillo y tocar la caja de la manera habitual), toca el ritmo del platillo ride en la caja con un **cepillo** mientras tocas los contratiempos con la técnica de cross-stick.

Para los tiempos realmente rápidos, toca el shuffle en forma completa en la caja con los palillos o los cepillos, alternando las manos:

🔷36 Snare Shuffle

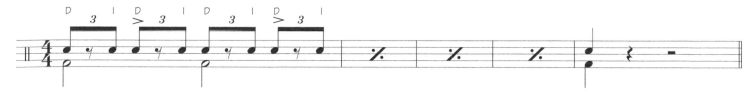

Muchas canciones pop country tienen un efecto muy simple y directo (corcheas y negras). Las variaciones del bombo son generalmente bastante básicas (¡¿no se pretende hacer juego de palabras?!) Los siguientes dos tiempos se tocan dos veces en la pista 37:

37 Country Pop

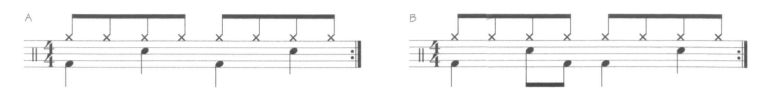

☞ IMPORTANTE: No seas vago, "básico" no significa "aburrido". Puede resultar fácil, pero se espera que toques con convicción y actitud.

Las canciones country tienen un efecto directo **de dos tiempos**. Se puede imaginar como negras en **compás cortado**, como en el ejemplo inferior izquierdo; o como un efecto de corcheas con acentos en las "y", como en el ejemplo inferior derecho. Ambos sonarían igual.

38 Country Two-Beat

A los artistas country también les agradan las canciones con tres tiempos, comúnmente denominadas **valses**. Aunque un vals tradicional tiene por lo general dos acentos en los tiempos 2 y 3, muchos de los bateristas country sólo acentúan el tiempo 3 (generalmente con un cross-stick).

39 Waltz Across Texas

Un ritmo country popular (¡y divertido!) es el **efecto tren**, llamado así por su sonido "locomotor". A menudo se toca con cepillos, pero también suena bien con palillos. (Escucha antes de tocar ...)

40 Ridin' the Tennessee Rail

20

A veces, los bateristas country tocan solo en la caja (no platillos), alternando sus manos como se muestra a continuación:

Ese efecto es ideal para canciones con medios tiempo (es decir "rápidas"). Practícalo en el siguiente tema. ¡Suena fabuloso con palillos, baquetas "blastics" o cepillos!

41 Country Boy

Aquí tienes un tema que combina country con rock 'n' roll ...

42 Tennesee Rock

LECCIÓN 6
¡El poder del rock!

Hard Rock

No, "hard" rock no significa que es más difícil, es sólo el nombre de un estilo de música rock que sonaba menos "pop" que la mayoría del rock de los años 50 y 60.

Para los bateristas, el estilo hard rock supone poner más énfasis en el bombo y la caja y tocar más agresivamente. El platillo ride no se usa demasiado (en realidad, ¡algunos bateristas de hard rock no usan o no tienen platillo ride!). La secuencia de golpes en el hi-hat se mantiene generalmente de fondo. El hi-hat no se toca más suave, ¡el bombo y la caja se tocan más fuerte!

La mayoría de los tiempos del rock enfatizan el contratiempo en el bombo, pero el bombo se golpea más que en los años 60. Observa estos tiempos de hard rock. En el audio, cada tiempo se toca dos veces, seguido de inmediato del siguiente ...

43 Rock Hard

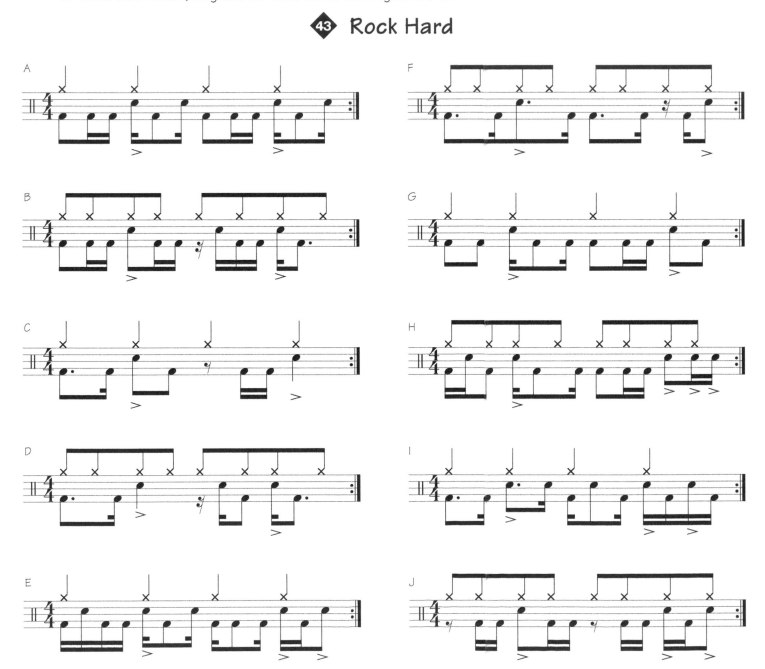

22

Heavy Metal

Quizá más que cualquier otro estilo de música, el **heavy metal** tiene más que ver con la forma de tocar que con lo que se toca. Los tiempos son en general muy simples (caray, así son los acordes de 5ª que tocan los guitarristas de heavy metal). Pero cuando se tocan con actitud y convicción, estos tiempos pueden ser muy efectivos.

Un montón de tiempos de 5a del heavy metal se construyen en una de las primeras secuencias que aprendiste a tocar:

44 Sheer Power

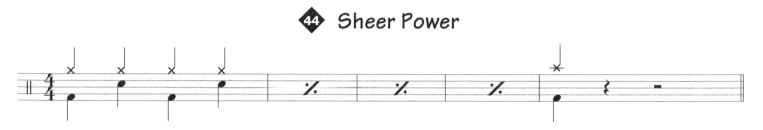

Aquí tienes algunos tiempos más, típicos de un estilo heavy metal. Cada uno se tocará (¡adivinaste!) dos veces en el audio, seguido de inmediato del siguiente.

45 Metal Mania

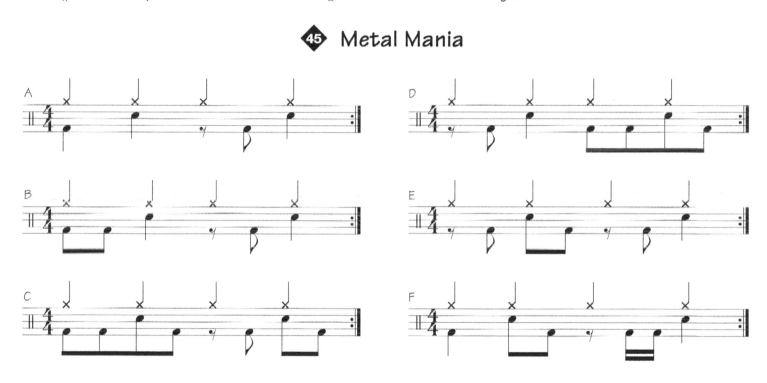

"¿Teléfono?"

Los músicos necesitan proteger sus oídos de los altos sonidos que producen sus instrumentos. Con frecuencia escucharás un zumbido en tus oídos después de tocar, pero desaparece después de algunas horas. Si sigues exponiendo tus oídos a ruidos fuertes, ¡llegará un día en que el zumbido no desaparecerá, más!

Entonces, al menos que quieras escuchar este sonido en lugar de tus amigos, tu familia o tu música favorita, utiliza siempre tapones en los oídos o auriculares. Perder tu audición no es nada bonito.

Rellenos de 5ª

Los bateristas de hard rock y heavy metal tienden a usar rellenos acordes con los tiempos que tocan, básicos y de 5ª. Observa los siguientes ejemplos de rellenos simples (pero efectivos) ...

46 Hit 'em Hard

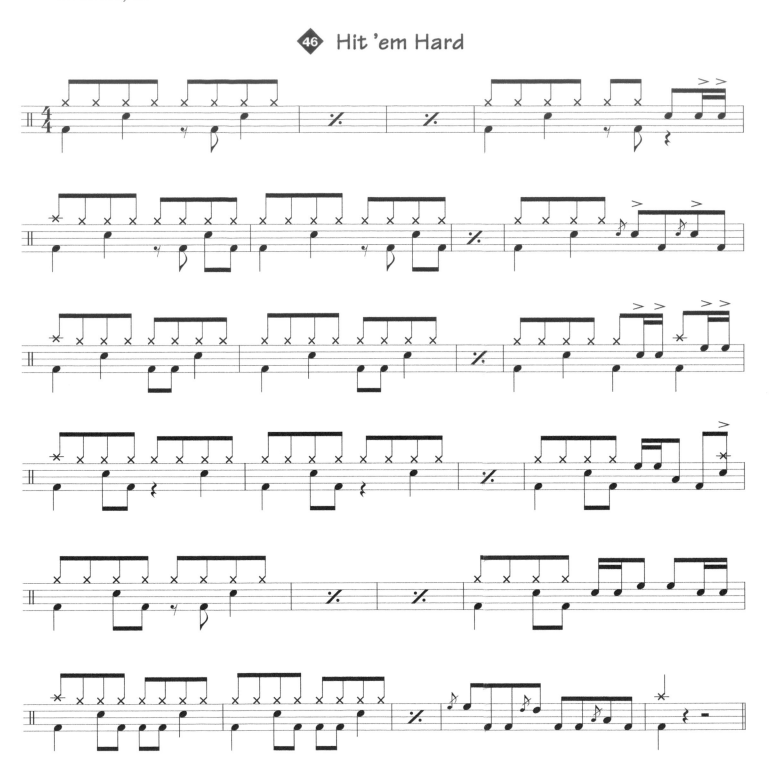

Si eres afortunado de tener dos bombos o un pedal de doble bombo, aquí tienes algunos ritmos populares entre los músicos de doble bombo. Primero, practica tocar semicorcheas directas entre los pies (asegurándote de que las notas sean parejas y el volumen el mismo).

Cuando tocas todo eso en el bombo, es una buena idea no complicar las otras partes, como en el ejemplo a continuación. Practícalo con un efecto de negra, como en el ejemplo 47A. Luego practica un efecto de corchea (como en 47B). Cada secuencia se escuchará dos voces en el audio ...

47 Double Basics

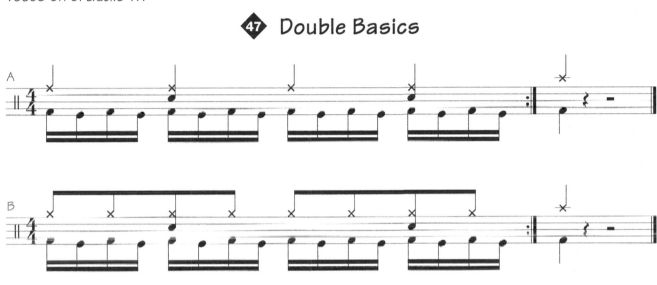

Puedes aplicar la misma idea al efecto tresillo, como en el ejemplo 48A. Luego practica el tan conocido "shuffle de bombo doble" ilustrado en 48B. Cada secuencia se tocará dos veces en el audio (¿cansado de que repitamos siempre lo mismo?):

48 Feet Don't Fail Me Now

Alternative o "Grunge" Rock

En los años 90, bandas como Nirvana, Pearl Jam y Soundgarden hicieron muy popular un nuevo estilo de música rock. La música alternative en realidad no tiene reglas con respecto a los tiempos, todo vale. Los siguientes esquemas te darán algunas ideas básicas sobre el enfoque alternative. En los dos primeros, mantén el hi-hat levemente abierto para producir ese "grungy" sonido.

49 Chain-link

50 Just a Slice

26

En este otro esquema, observa los compases de 5/4 (Oh!) iguales a los de 4/4 pero con un tiempo más. (¡Y nosotros dijimos que la música alternative no tiene reglas!)

51 Black Garden

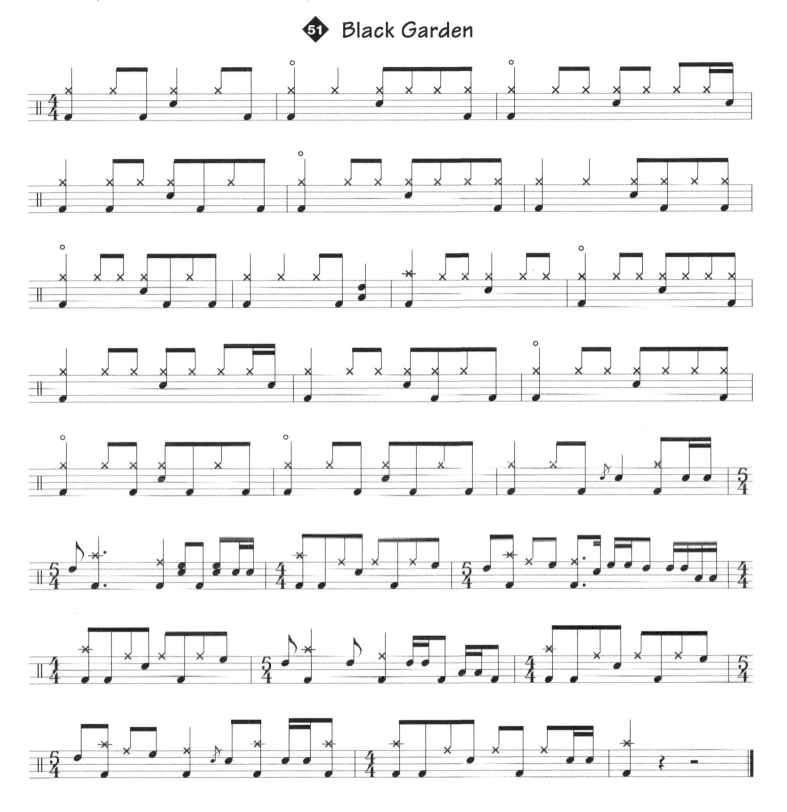

Tómate otro descanso, llama a un amigo y hazle aprender
otro instrumento de **FastTrack**.
Pero no marques tan rápido ... ¡se supone que debes descansar tus manos!

LECCIÓN 7
Fusionarse con el bajista

Una parte importante de ser un baterista es escuchar al bajo eléctrico (es decir, la guitarra). Siendo los dos instrumentos básicos de una sección rítmica, depende de ustedes dos construir una base firme y sólida. Esta lección te proporciona algunas perspectivas esenciales y secuencias comunes para ayudarte a "fusionarte" con el bajista.

☞ REGALO ADICIONAL: Si conoces un bajista, déjalo que toque junto con los mismos ejemplos que aparecen en la Lección 7 del libro **FastTrack Bajo 2**. ¡Hablemos de estar "fusionados"!

Con el bombo

En muchas canciones, el bombo tocará el mismo ritmo que el bajista. La pista 52 muestra un efecto de balada común. Escucha antes de tocar. Presta especial atención a la parte del bajo y asegúrate de que tu bombo golpee exactamente en el mismo momento.

52 Sigue el bajo

Ahora practica un efecto de rock de medios tiempo. Nuevamente, escucha con atención el ritmo del bajo y nivélalo con el bombo.

53 Kick It!

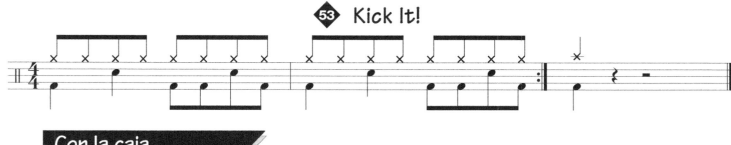

Con la caja

En muchas ocasiones usarás una combinación de bombo y caja para nivelar la línea del bajo, como en los dos siguientes ejemplos:

54 Balada básica

55 Bass Ostinato

La anticipación

No tienes que tocar exactamente la misma secuencia que el bajista (y el bajista no tiene que coincidir exactamente con vos). Pero las dos partes deben estar relacionadas entre sí.

Es importante que escuches al bajista (o a la banda completa) cambiando a un nuevo acorde justo antes del tiempo del compás. Escucha la pista 56 y observa cómo el bombo golpea en la "y" de 4 en el primer y tercer compás, refuerza los primeros cambios de acordes que **anticipan** el tiempo 1 de los compases 2 y 4 …

56 Catch the Kicks

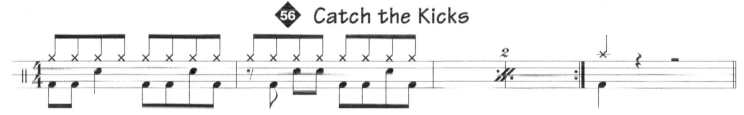

A veces (imaginen esto, bateristas de una banda de garage) no habrá música que el baterista pueda seguir, ¡ni siquiera un "mapa de carreteras"! Nunca sientas miedo, sólo mira el esquema del bajista para tener una idea de lo que tienes que tocar.

Por ejemplo, si viste un esquema de bajo como este …

… deberías tocar una parte de la batería de la siguiente manera.

57 Still Can't Wait

LECCIÓN 8
Entremos en el estilo funky...

El **estilo** funk resulta especialmente divertido a los bateristas, ya que los ritmos son en general más interesantes que los tiempos más directos encontrados en la música pop y dance.

Síncopa

Uno de los elementos rítmicos que distingue al estilo funk es la **síncopa**: "poner una nota fuerte en un tiempo débil." Eso simplemente significa que en lugar de siempre acentuar los tiempos principales, debes acentuar las "y" (corcheas) o inclusive las "e's" y "a's" (semicorcheas).

Es fácil escuchar la diferencia. La pista 58 es un ejemplo corto de caja tocado muy directamente ...

58 Marchin'

Aquí tienes un ejemplo muy similar pero con síncopa pesada ...

59 Syncopated Marchin'

Los tiempos del estilo funk tienen a menudo un efecto de semicorchea, por lo tanto una buena manera de empezar es tocando semicorcheas directas entre el hi-hat y la caja, así todas las notas del bombo con síncopa se ubican en el lugar correcto.

Practica estos ritmos. Al igual que antes, la pista 60 toca cada ritmo dos veces, seguido del siguiente ...

60 Semicorcheas estilo funky

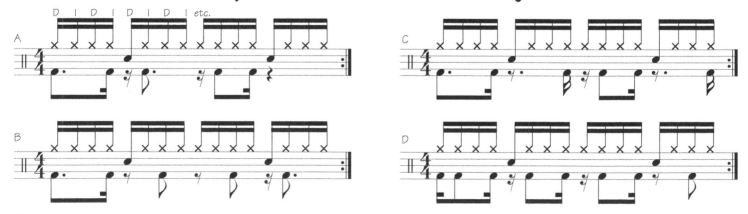

Cambios rápidos ...

Aquí tienes un par de ejercicios para desarrollar tu habilidad tocando entre la caja y el hi-hat. Es posible tocar todas las notas del hi-hat con la mano derecha y las notas de la caja con la izquierda, pero muchos bateristas funk utilizan rasguidos alternados para secuencias como éstas.

IMPORTANTE: Para alternar las manos, presta especial atención a la secuencia de los palillos.

61 Mixing 'em Up

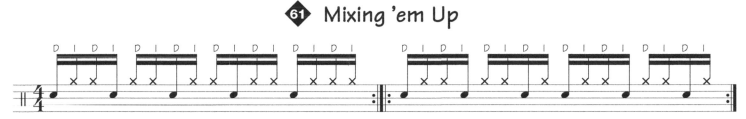

Ahora practica algunas secuencias basadas en semicorcheas con acentos con síncopa tanto en la parte de la caja como en la del bombo. (¡Cuidado, son un tanto tramposas y te puede llevar tiempo lograrlo!)

62 Combinaciones funky

La siguiente también es un tanto tramposa al principio, pero practica hasta que tus manos sepan a dónde dirigirse.

NOTA: La mano derecha se mueve del hi-hat a la campana del platillo crash hasta la caja y de vuelta a la campana del platillo (y luego repite todo). La mano izquierda toca todas las "e's" y "a's" en el hi-hat.

63 Gaddzooks

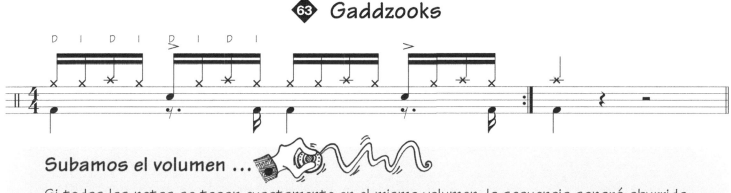

Subamos el volumen ...

Si todas las notas se tocan exactamente en el mismo volumen, la secuencia sonará aburrida. Especialmente en la caja, algunas notas se deben acentuar (¡los golpes de acentuación siempre resultan efectivos!), algunas se deben tocar de manera "normal" y algunas deben ser muy suaves ("fantasmal"). Toca los tiempos de esta lección nuevamente con acentos variados y observa cómo el sonido y el efecto cambian.

Aunque los siguientes ritmos tienen una secuencia de corcheas, las semicorcheas en las partes de la caja y el bombo proporcionan ritmos más parecidos al efecto completo de una semicorchea. El **hi-hat abierto** se utiliza en los tiempos débiles del hi-hat para mejorar el efecto de síncopa …

◆64◆ Funky Stuff

Batería linear

Muchos tiempos funk se tocan en un estilo **linear**, lo que significa que solamente una parte del equipo se toca en un compás (antes que una secuencia de golpes constante con las notas de la caja o el bajo golpeando al mismo tiempo que el hi-hat).

Para los principiantes, "liberen" el hi-hat y no estén pendientes de tocar negras, corcheas o semicorcheas regulares. Muchos tiempos funk populares hacen que el hi-hat toque medios tiempo regulares (las "y" de los tiempos). Practica este ritmo básico …

◆65◆ And Now

Aquí tienes uno que requerirá un tantito más de coordinación, pero vale la pena cuando consigues el efecto (¡siempre es divertido impresionar a amigos y familiares!) …

◆66◆ And Then Some

¡Aquellas "y" suenan fabuloso en la campana del platillo ride! Continua haciéndolo mientras tocas negras en el pedal del hi-hat con tu pie izquierdo, como en los siguientes ejemplos:

67 And Then Again

68 And Then Some More

Aquí tienes dos secuencias funk populares del hi-hat. Observa que puedes "tocarlas con el palillo" en dos formas diferentes.

69 One-and-a, Two-and-a ...

70 Variación

Siéntete libre de mezclar y combinar las variaciones del hi-hat ...

71 Funky Hats

Los últimos efectos funky ...

Aquí tienes varios tiempos lineares usando el bajo, la caja y el hi-hat.

🔶72 Funk linear

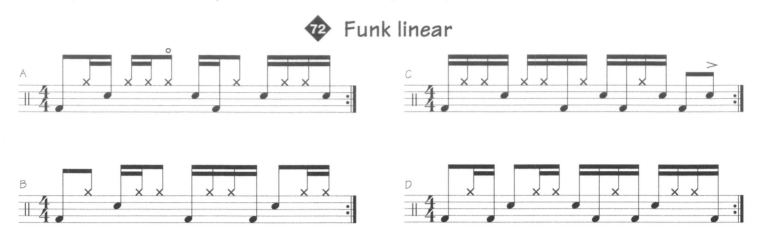

Mientras que los tiempos funk usan generalmente muchas semicorcheas, algunos bateristas les gusta incorporar "espacio" en los tiempos funk mezclando algunas negras. Para las siguientes secuencias, asegúrate de darle a las negras su valor completo:

🔶73 Breathing Room

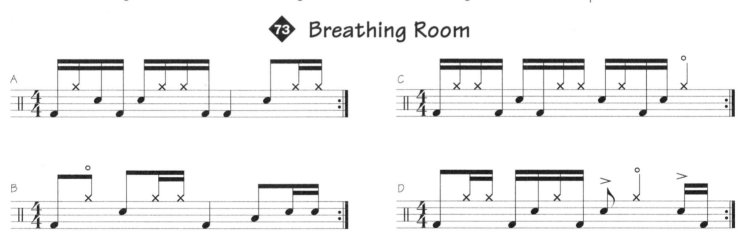

¡Los shuffles también pueden ser funky! Prueba con éstos ...

🔶74 Shuffles estilo funky

Ahora que te sientes cómodo tocando esto, aquí tienes un par más de tiempos funky ...

75 Ridin' the Bus Staccato Funk

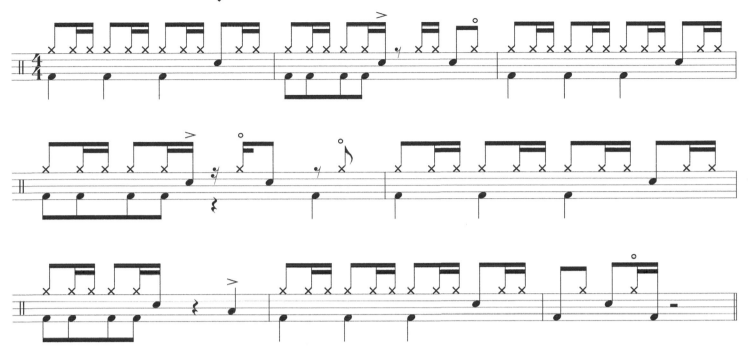

76 Staccato Funk

¡Hora de descansar! Dale un descanso a tu mente.
Haz algo en lo que no tengas que contar ... ¿¡revisar tus impuestos!?

LECCIÓN 9
¡Tienes estilo!

Bienvenido. Vamos a estudiar otros estilos de música utilizados en los hits de hoy ...

Reggae

El estilo **reggae** nació en Jamaica y para escuchar el "verdadero" estilo debes observar a artistas como Bob Marley, Peter Tosh y Burning Spear. Pero artistas como Police, Eric Clapton y los Rolling Stones han también incorporado influencias del reggae en su música.

Uno de los ritmos de reggae más populares se llama **one-drop**, en el que el bombo golpea en el tiempo 3. La caja (generalmente con un cross-stick) puede también golpear en el tiempo 3 (secuencia A), o puede reforzar los acentos del hi-hat en los tiempos 2 y 4 (secuencia B). Primero escucharemos las versiones de corcheas directas ...

77 One-drop directo

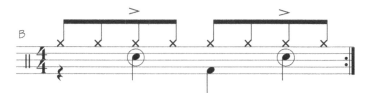

...y ahora escucharemos el efecto shuffle del one-drop:

78 Shuffle One-Drop

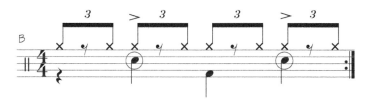

Aquí tienes diversas variaciones del ritmo one-drop. En la pista 79, cada secuencia se escuchará dos veces, seguida de inmediato de la siguiente (¿dónde escuchaste esto anteriormente?).

70 Ritmos de reggae

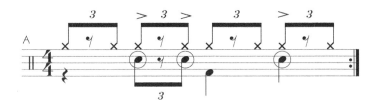

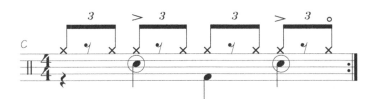
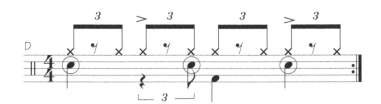

Algunos ritmos más de reggae ...

80 Caliente en el sol

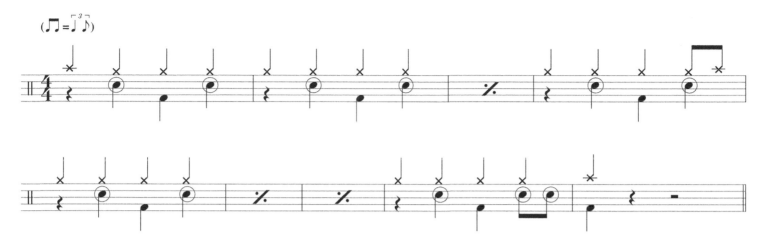

81 Jamaican Me Crazy

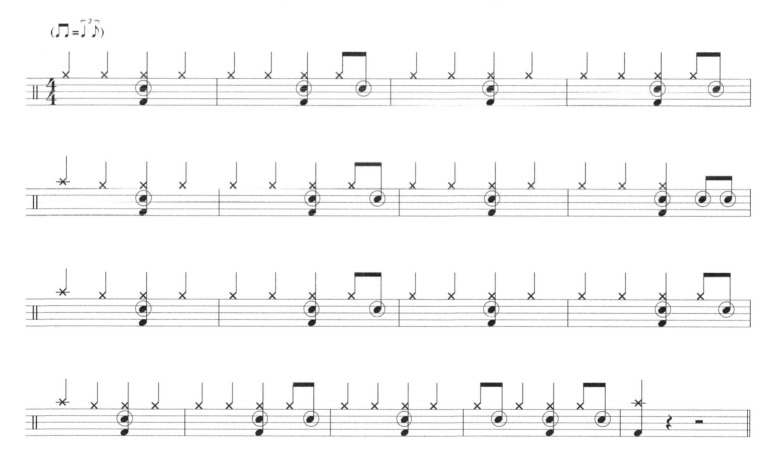

LECCIÓN 10
¡A bailar toda la noche!

Varios estilos de música se clasifican a menudo como "música disco." Para el baterista, una de las características principales es que el bombo mantendrá un pulso de negra regular. Las demás partes tenderán también a ser repetitivas así los bailarines pueden rápidamente familiarizarse con el tiempo.

Disco

En los años 70, el estilo disco fue muy popular. Además del sonido regular del bombo, muchos tiempos de la música disco se caracterizaban por las notas en el hi-hat abierto y fuera de tiempo. Observa que cuando tocas las notas en el hi-hat abierto fuera de tiempo, necesitas cerrar el hi-hat en el tiempo, lo que significa que ambos pies tocarán un pulso de negra al unísono.

La banda 82 tiene cuatro variaciones de un ritmo disco estándar. En la primera línea, mantén corcheas directas en el hi-hat. En la segunda, puedes sólo tocar los medios tiempo. (Ambos sonarán casi iguales.) La tercer línea utiliza semicorcheas, y la cuarta es casi la misma secuencia (pero observa la técnica de manos alterna en la que la mano derecha se mueve para atrás y para adelante entre la caja y el hi-hat.

82 Disco Daze

El significado original de R&B era "ritmo y blues", un término aplicado a la música que combinaba elementos de blues, jazz y rock 'n' roll. Artistas como Chuck Berry, James Brown y los Rolling Stones se consideraban originalmente músicos de ritmo y blues.

En la actualidad, sin embargo, R&B se refiere a una mezcla de funk y lo que solía llamarse "música soul." Encontrarás este estilo en la música de Stevie Wonder, Marvin Gaye, The Temptations y muchos otros. Generalmente tiene un ritmo de disco fuerte, entonces el tiempo debería ser muy suave y repetitivo. Un tantito más de síncopa no hace mal, pero no abuses.

Las dos siguientes bandas del audio te darán una idea …

83 Motown Groove

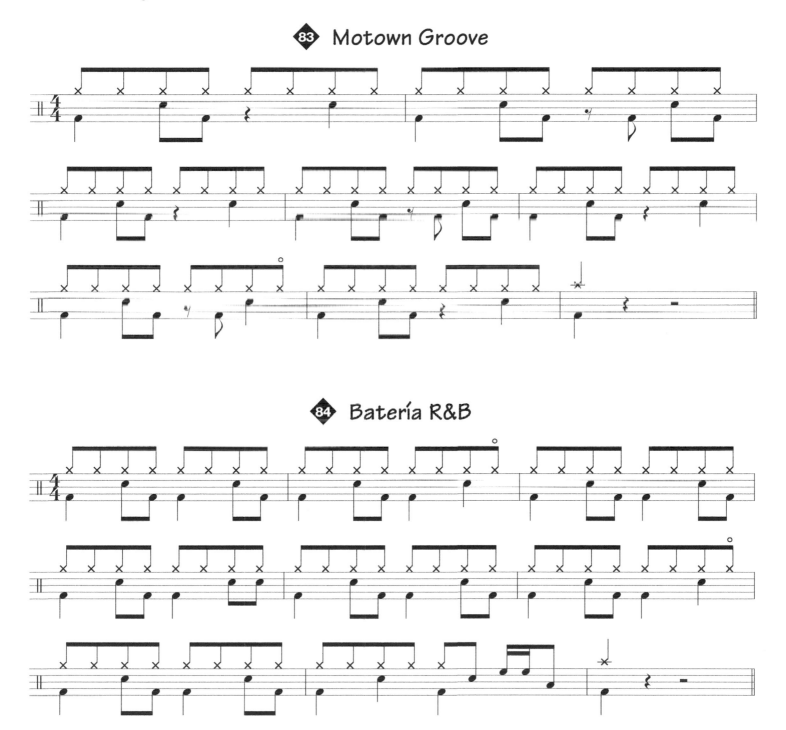

84 Batería R&B

Hip-Hop

El estilo hip-hop es un tipo de funk que nació de la música rap. Debido a que muchos de los primeros tiempos del hip-hop se programaban en máquinas, a veces resultaban muy difíciles (sino imposible) de tocar en una batería verdadera, ¡tenían muchas notas!

Una secuencia de hip-hop muy común (que puedes tocar) se basa en el shuffle de compás binario, pero en lugar de que el ritmo del shuffle se escriba con corcheas y la caja golpee en el tiempo 3, la secuencia del shuffle se escribe con semicorcheas y la caja toca en los tiempos 2 y 4 (cuatro tic-tacs de corcheas comienzan la banda).

Algunos tresillos se completan con el bombo o con las "notas fantasmas" en la caja (como verás y escucharás en la banda 85):

◆85 Hip-Hopping

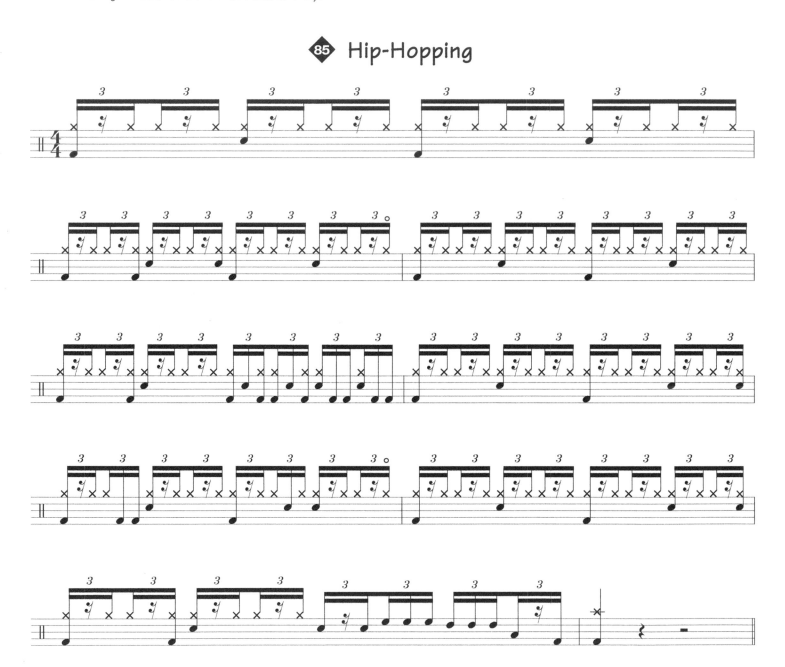

El bossa nova es un ritmo brasilero popular utilizado por bandas de jazz y rock. El cross-stick en la caja imita el sonido de las claves, mientras que las secuencias del bombo y el hi-hat deben ser suaves y fluidas …

86 Who's the Bossa Nova?

Si tienes dificultades en tocar la secuencia de arriba, puedes comenzar simplificando la parte del bombo y tocando de esta manera:

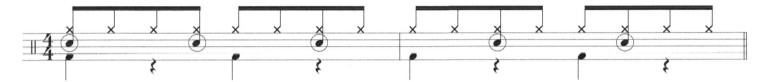

En una verdadera banda brasilera, otro músico tocaría las corcheas directas con una maraca o coctelera. Por lo tanto, para obtener un sonido más auténtico, en lugar de golpear en el hi-hat puedes sacudir una maraca con la mano derecha. Otra forma de imitar el sonido de una coctelera es "agitar" un cepillo de metal en la punta de la caja.

Latin Rock

Puedes darle un sabor latino a algunos de tus tiempos de rock golpeando en una esquila o en la campana del platillo ride (en lugar del hi-hat o cuerpo del platillo ride), usando un cross-stick en la caja e incorporando tambores a tus tiempos. Practica la siguiente secuencia estilo latino:

87 Rock 'n' Cha-cha

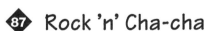

La melancolía te provoca ganas de algo condimentado, ¿no? Entonces, ¡trae los chiles! (La palabra importante aquí es "quebrar", toma uno.)

DIVERSIÓN CON PARADILES
(y otras palabras divertidas)

Así como los guitarristas y tecladistas practican escalas para ayudarse a tocar sus instrumentos con destreza, los bateristas tienen **rudimentos**, secuencias y técnicas rítmicas que pueden utilizarse de diversas formas. Aprendiste un rudimento importante en el Libro 1: **flams.** En esta lección estudiaremos otro rudimento útil …

Paradiles

Un paradile simple es un grupo de cuatro notas separadas en forma uniforme (usualmente corcheas o semicorcheas) que se tocan con dos rasguidos alternos seguidos de un rasguido doble. En general tienes dos paradiles en forma consecutiva, como muestra el ejemplo:

 IMPORTANTE: Sigue la **técnica de manos** correcta para cada paradile. (¡Ese es el punto más importante al tocarlos!)

Al tocar el rasguido doble (DD o II) al final de cada paradile, asegúrate de tocar bien cada nota. Es decir, no solo dejes que la segunda rebote. Si lo haces, sonará débil (¡y hasta desganado!).

Practica el ejemplo de arriba hasta que puedas tocar los paradiles sin hacer esfuerzo y no tengas que pensar en la secuencia de la técnica de manos.

Para ayudarte a recordar la secuencia, trata de decir el nombre del rudimento a medida que tocas:

Ahora practica tocar paradiles como semicorcheas y toca el bombo en los tiempos de la negra …

No sólo para ejercitar …

Los paradiles producen grandes rellenos. Practica esto si eres principiante y luego crea tus propias combinaciones:

🞰88 Relleno de paradile

Utiliza los paradiles para crear tiempos de batería interesantes. Simplemente toca los paradiles entre la caja y el hi-hat, acentuando los contratiempos:

88 Paradile con el equipo completo

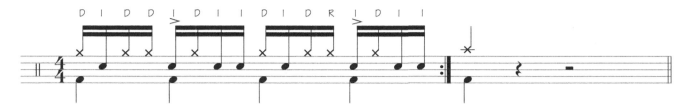

Con los paradiles puedes hacer un fabuloso golpe en el bombo con sonido latino. Toca la mano derecha en la campana del platillo ride (o una esquila). Toca rasguidos simples con la mano izquierda en la caja y rasguidos dobles en el tambor, igual que en el siguiente ejemplo.

Escucha la pista 90 un par de veces antes de tocar ...

90 Agrega el tambor

Para obtener un tiempo de rock llevadero, toca el paradile entre la mano izquierda (caja) y el pie derecho (bombo), con las negras de la mano derecha en el platillo ride o hi-hat. Asegúrate de tocar los contratiempos del bombo pero toca las otras notas de la caja suavemente como si fueran "notas fantasmas."

91 Ghostly Snare

Y, por supuesto, puedes aplicar la secuencia de un paradile a un shuffle. Este tiene un lindo efecto de compás binario (¡siempre que pongas el acento en el lugar indicado!)

92 Paradiddle Shuffle

ESTA PÁGINA ES SOLO TEORÍA
(¡Por favor léela de todas maneras!)

Preparado para tocar ...

Has aprendido mucho en las páginas anteriores, entonces llegó la hora de usar ese conocimiento y esa técnica tocando algunas canciones completas. Primero, revisemos algunos puntos básicos para lograr una buena actuación:

 CONOCE LA CANCIÓN: No toques únicamente tiempos, rellenos y golpes en el platillo al azar. El baterista, al igual que el resto de la banda, tiene que entender la forma de la canción. Busca maneras de reforzar la forma del tema cambiando la pulsación o el sonido cuando la canción pasa del verso al estribillo. Toca los rellenos al final de las secciones y golpea los platillos para marcar el comienzo de una nueva sección. Sobre todo, asegúrate de que la pulsación de tu bombo concuerde con los ritmos que tocan los demás instrumentos.

 SE CONSISTENTE: Escoge una pulsación particular para cada sección de la canción y utiliza la misma secuencia cada vez que se repite esa sección. Eso no significa que no puedas tocar notas extras para agregar condimento, pero no cambies demasiado la pulsación ya que va a parecer que tocas una canción diferente.

 USA DINÁMICA: ("¿Qué significa usar más dinámica? ¡Estoy tocando lo más alto que puedo!") Usar dinámica significa tocar bien fuerte, incluyendo muy suavemente. Seguramente, tocar fuerte sea impresionante y muy divertido, pero la gente lo notará más si hay algunos puntillos suaves también. Toca fuerte en los momentos culminantes. Conduce la canción con convicción, no sólo volumen.

 CONSTRUYE LA INTENSIDAD: No toques todo lo que sabes al comienzo. Guarda algunos toques interesantes para el final. Deja que la canción crezca gradualmente en intensidad e interés.

 ESCUCHA, ESCUCHA, ESCUCHA: No pienses solo en lo que estás haciendo sin prestar atención a lo que toca el resto de la banda. No puedes lograr que tu parte concuerde con la de los demás si no los escuchas en forma continua.

 DEJA QUE LA MÚSICA TE DIGA LO QUE TIENES QUE TOCAR: No trates de incorporar tus tiempos y rellenos favoritos en las canciones. Presta atención al resto de los instrumentos y te resultará obvio lo que tienes que tocar para complementar con los demás instrumentos.

 SIMPLEMENTE NO TE CARGUES DE RESPONSABILIDAD: Seguramente habrá uno o dos bateristas del público que te observarán para ver qué golpes conoces. ¡NO TE PREOCUPES POR ELLOS! Toca para la música, para tus compañeros de la banda y para la gente que te escucha y baila. Si quieres hacer un montón de conciertos, no necesitas impresionar a otros bateristas ya que ellos no son los que te van a contratar. Impresiona a los guitarristas, bajistas, tecladistas y cantantes. La manera de hacerlo es facilitándoles su trabajo y dándoles un tiempo simple y sólido. (¡Y los BUENOS bateristas se impresionarán cuando te escuchen hacer eso!)

OK, hora de enfrentar las tres últimas canciones. ¡Inténtalo!

LECCIÓN 11
Que la banda empiece a tocar ...

Al igual que en el primer libro, esta última sección no es una sección...¡vamos a improvisar!

Todos los libros de **FastTrack** (guitarra, teclado, bajo, y batería) comparten la última sección. De esta manera, puedes tocar por ti solo junto con el audio o formar una banda con tus amigos.

Entonces, aunque la banda esté en el audio o en tu garage, comencemos el show ...

Baja las luces

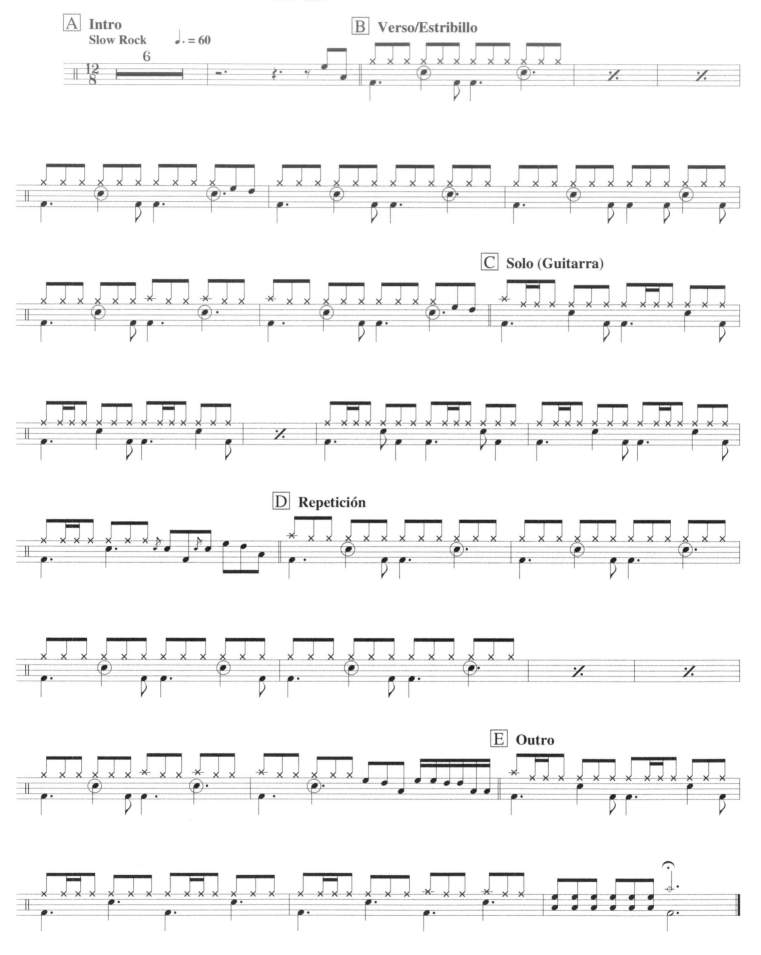

Improvisación en el sótano

93 completa banda **94** menor batería

¡Felicidades!
Estás preparado para las grandes ligas ...

ÍNDICE DE CANCIONES
(...¡tengo uno!)